Istituti di Credito, Compagnie Assicurative e Mediazione

La consulenza di qualità.

Il ricorso alla Mediazione da parte di Clienti,

Banche e Assicurazioni

Istituti di Credito, Compagnie Assicurative e Mediazione

La consulenza di qualità. Il ricorso alla Mediazione da parte di Clienti, Banche e Assicurazioni

SOMMARIO

Introduzione	3
Le Controversie con Banche e Assicurazioni	6
Il servizio di consulenza di qualità	10
La risoluzione delle Controversie	16
La formazione dei professionisti	18
La crisi e la fiducia dei risparmiatori	20
Gli interventi legislativi	23
Incontro tra Aziende e Clienti. La Mediazione	31
Peculiarità e aspetti operativi della Mediazione	41
La procedura stragiudiziale nel settore finanziario nel corso degli anni	46
Conclusioni	51

INTRODUZIONE

Il rapporto tra il Cliente e la Sua Banca è sicuramente particolare.

Ogni situazione per essere valorizzata viene quantificata in termini economici, in termini di denaro. Si parla di indennizzo per il danno cagionato o comunque di importo stabilito per individuare l'entità di una questione. Per la banca il collegamento al denaro ed alla quantificazione delle questioni è sicuramente più diretto ... gli istituti di credito trattano il "denaro" sia esso rappresentato da strumenti finanziari particolarmente evoluti sia esso inteso quale saldo di un rapporto di conto corrente.

Si è fatto esplicito riferimento alla Banca ma le stesse argomentazioni possono riferirsi anche al mondo assicurativo. Infatti le Compagnie Assicurative si sono dovute confrontare, nel tempo, con cambiamenti rilevanti, in termini di tipologia di prodotti da offrire alla clientela. Le polizze RcAuto insieme alle polizze di copertura dei rischi personali e professionali sono state affiancate da una serie di prodotti, "previdenziali e non", che molto hanno da condividere con i prodotti finanziari di investimento. Le argomentazioni di vendita hanno richiesto un necessario adeguamento alle caratteristiche ed alla complessità dei nuovi prodotti, pervenendo a trattare sia gli aspetti tecnici di copertura, sia i risvolti fiscali delle polizze, ma anche gli aspetti specialistici riguardanti rendimento, aspettative e profilo di rischio.

Il peso della marginalità o comunque il guadagno delle Assicurazioni riveniente dalla vendita è sbilanciato a favore dei prodotti assicurativo finanziari. L'assicuratore, pertanto, ha dovuto e voluto trasformarsi anche in consulente di prodotti assicurativi complessi o finanziari in senso lato. Stessa trasformazione ha riguardato anche il settore bancario. Si sente spesso parlare di BancAssicurazione. Per quanto riguarda i prodotti assicurativi del ramo danni, generalizzando, si può affermare che le iniziative bancarie non hanno sempre raggiunto gli obiettivi sperati, ridimensionando anche la materia. Infatti il ritorno economico dell'offerta assicurativa riferita al ramo danni, negli sportelli bancari, non ha sempre giustificato il rischio di incrinare rapporti consolidati, nella "delicata" gestione del "post vendita assicurativo" (gestione sinistro e assistenza nella liquidazione del risarcimento). Altro riscontro hanno invece ottenuto le polizze ad alto contenuto finanziario, per intendersi le polizze "index" e "unit" linked. Trattasi di assicurazioni sulla vita ad elevato contenuto finanziario il cui valore dipende dalle prestazioni di un'entità di riferimento ed in particolare: le "index", con durata predeterminata, fanno riferimento a prestazioni che dipendono dal valore di un indice azionario o di obbligazioni strutturate; le "unit" hanno prestazioni collegate al valore di un fondo di investimento ed una durata pari alla vita del contraente.

LE CONTROVERSIE
CON BANCHE E ASSICURAZIONI

La materia della controversia in ambito finanziario bancario assicurativo è molto delicata ma possiamo comunque apprezzare rilevanti iniziative finalizzate sia alla prevenzione, attraverso la regolamentazione dell'attività di consulenza, sia alla istituzione di organismi per agevolare la risoluzione delle eventuali questioni emerse, soprattutto nel settore bancario.

Abbiamo assistito ad una vera evoluzione culturale finanziaria dei clienti, sicuramente agevolata dagli interventi legislativi tendenti proprio a garantire maggiore tutela agli investitori. Il tutto è ravvisabile tra l'altro nell'utilizzo dei termini tecnici e specialistici, ormai di dominio pubblico, quali: Spread, Mifid, Adeguatezza, Patti chiari, ecc.

Fortunatamente la finanza non è più prerogativa degli specialisti di settore. C'è sempre maggiore collegamento tra quotidianità e aspetti economico finanziari.

Insieme al Consorzio Patti chiari , il progetto lanciato in grande stile nel marzo 2003 per migliorare la reputazione del sistema bancario, sono tanti gli interventi finalizzati a migliorare l'immagine del sistema bancario, "garantire" il cliente e "indirizzare" la banca a gestire il rapporto con la massima trasparenza, professionalità e correttezza.

Non ci si è accontentati di affidare al professionista il compito di informare adeguatamente e con la massima trasparenza, ma si è lavorato per rendere il cliente sempre più edotto in materia e pertanto in grado di poter comprendere e confrontare i servizi che gli vengono proposti, conferendogli maggiore forza nel rapporto. Oltre alle iniziative legislative nascono progetti delle singole Aziende Finanziarie in linea con l'intento di diffondere cultura finanziaria ad es. attraverso corsi di video formazione finanziaria online o collegamenti diretti con l'investitore attraverso newsletter finanziaria piuttosto che video blog su aree tematiche specifiche o ancora video chat in diretta con gli specialisti. Tutte iniziative che completano l'offerta del Servizio di Consulenza.

Considerata la delicatezza della materia, i provvedimenti normativi non possono che basarsi su uno studio approfondito nei minimi dettagli per raggiungere l'obiettivo sperato. Ovviamente tutti i lavori partono dal presupposto della buona fede dei protagonisti dei rapporti oggetto di regolamentazione.

Per esemplificare la complessità della questione, quasi a titolo provocatorio, si può affermare che l'intento di aumentare la consapevolezza del cliente predisponendo una modulistica che attesti il trasferimento di determinate e determinanti informazioni, potrebbe in alcuni casi, anche indebolire "sulla carta" la posizione del cliente stesso. Tali situazioni potrebbero essere ravvisabili nei casi in cui si richiede la sottoscrizione da parte del cliente di un modulo con il quale viene evidenziata la volontà di non riferire informazioni che dovrebbero permettere al consulente di lavorare "bene" o quando si conferma l'intenzione di procedere con la sottoscrizione di un contratto, nonostante l'attività dell'intermediario abbia fatto emergere un'inadeguatezza dell'offerta, rispetto alle caratteristiche dell'investitore. E' anche evidente l'effetto che potrebbe derivare da una dichiarazione attestante conoscenza e competenza, in ambito Finanziario, non corrispondenti alla reale situazione del cliente.

La semplice firma del modulo potrebbe dimostrare un "avvicinamento delle parti", sotto il profilo della informazione, con la possibilità di fare venire meno quella "inconsapevolezza", "non conoscenza" e "ingenuità" spesso ritenute il "nocciolo della questione" per riconoscere "colpevole" una banca di aver "gestito male" il proprio cliente. Sarà fondamentale dunque non sottovalutare l'importanza della modulistica all'uopo predisposta per la tutela delle parti, perché qualora gestita con superficialità potrebbe portare a risultati contrari allo spirito della normativa come sopra evidenziato. Pur partendo dal presupposto della buona fede di tutti, è evidente come debba essere doveroso interpretare con estrema diffidenza qualsiasi indicazione che venga fornita con l'intento di sminuire la validità dei moduli o dei questionari, definendoli semplici aspetti burocratico-amministrativi e pertanto una palese "perdita di tempo". Il questionario firmato rappresenterà la "fotografia", in caso di problematiche, della trattativa commerciale nei suoi aspetti peculiari della consulenza e del trasferimento di informazioni da parte del cliente. Pertanto massima attenzione deve essere attribuita da parte di tutti i protagonisti a tale strumento per i suo prioritari obiettivi di tutela degli intervenuti stessi. Ovviamente una gestione attenta del questionario da parte del consulente potrà consentire di sfruttarne anche la valenza commerciale sia contestualmente alla compilazione, ai fini di una proposta di prodotto e per l'attività di cross selling, sia potenzialmente per futuri interventi che potranno prendere spunto dalle informazioni raccolte.

IL SERVIZIO DI CONSULENZA DI QUALITA'

Soprattutto nei settori bancario e assicurativo la discriminante per raggiungere risultati commerciali e fidelizzazione di lungo periodo è rappresentata dall'alto livello qualitativo del servizio di consulenza che si riesce a garantire al cliente.

Negli anni sono aumentate le controversie in materia finanziaria per questioni di differente rilievo. I motivi di questo incremento, possono quindi essere riconducibili a:

- Aumento della complessità dei prodotti offerti;
- Maggiore consapevolezza finanziaria degli investitori;
- Nuove opportunità, riconosciute al piccolo risparmiatore, di fare valere i propri diritti con maggiore facilità, attraverso il supporto di Organismi di Tutela e Associazioni ma anche tramite l'istituzione di procedure più snelle. Tutti supporti fondamentali che hanno consentito di giustificare azioni che in passato si sarebbero bloccate sul nascere, in sede di valutazione dei tempi, dei costi e dei possibili benefici che ne sarebbero derivati, dal ricorso del singolo tramite un procedimento ordinario. Il sistema del credito in particolar modo, per propria iniziativa e/o per interventi normativi, ha comunque fatto la sua parte per agevolare il confronto e anticipare una

trattazione stragiudiziale delle criticità emerse nei rapporti.

Il Sistema per funzionare correttamente e per prevenire criticità dovrebbe prevedere:

- Consulenti tecnicamente preparati e capaci professionalmente di "esplorare caratteristiche, esigenze e aspettative" del cliente al fine di proporre il giusto prodotto, evidenziando con trasparenza aspetti tecnici e arco temporale di riferimento;
- Clienti ben informati e consapevoli delle proprie scelte in linea con esigenze e caratteristiche personali.

Rappresenta argomento di attualità anche la materia della Finanza Comportamentale e dell'approccio emotivo dell'investitore a cui farò cenno più avanti.

Nella realtà, a volte, qualcosa "non funziona" ed occorre attivarsi per individuare le responsabilità. Ci sono molte variabili da considerare; il sistema è l'insieme di molteplici attori e tanti singoli comportamenti. Le situazioni che possono presentarsi sono le più svariate ma in alcuni casi è emerso che:

- Il consulente riferisca di essere stato indotto dalla pressione commerciale ad agire comportamenti non troppo lineari;
- Metodi commerciali però, sulla base dell'elevata quantità di prodotti offerti dal settore, tracciano le linee guida per lavorare bene e raggiungere comunque i risultati commerciali. La conoscenza approfondita del cliente nel tempo e la capacità di organizzarsi nell'archiviazione delle informazioni inerenti caratteristiche ed esigenze, dovrebbe infatti permettere di gestire bene il cliente anche in fase di sviluppo, quando diventerà necessario saper individuare il cliente "giusto" da contattare per un'iniziativa commerciale legata alla proposta di un nuovo prodotto sul mercato, in abbinamento ad una serie di traguardi economici da raggiungere. Il prodotto non adeguato per un cliente può essere perfetto e ricercato da tanti altri;
- Le lamentele possono anche pervenire (ad es. tramite "class action") da quei clienti che hanno consapevolmente e insistentemente richiesto un prodotto particolare, caratterizzato poi da un esito infelice, ma

con un rendimento atteso potenzialmente molto interessante in fase di sottoscrizione.

Non si può negare che spesso le sollecitazioni, per agire diversamente da quanto riferibile alle semplici regole del "buon consulente", possano provenire dai clienti stessi. Il Consulente che svolge da qualche anno la propria attività, potrà facilmente ricordare il periodo in cui il rendimento dei titoli di Stato, caratterizzato fino ad allora dalle due cifre, scese sotto il 5%. Nello stesso periodo i rendimenti di titoli azionari o obbligazionari venivano ben pubblicizzati, da più fonti di informazione, evidenziando condizioni sicuramente più interessanti. In quel periodo non era facile fare intendere al cliente, caratterizzato da un profilo di rischio basso, le differenti peculiarità dei vari strumenti finanziari con le rispettive rischiosità. La consulenza di qualità, non potendo trascurare aspetti così importanti, richiedeva obbligatoriamente una rappresentazione professionale dello scenario finanziario, con la disamina di tutte le opportunità di investimento. Attività, se pur non indirizzata a raggiungere un interesse diretto della banca, da gestire con la massima attenzione e con le modalità migliori per evitare di compromettere il rapporto stesso. Situazioni come quella indicata richiedono un attento e impegnativo servizio di consulenza, non sempre riconosciuto nell'immediatezza, con un ritorno in termini di fidelizzazione dei clienti e potenziale soddisfazione economica "ex post", rappresentando dunque un investimento di lungo periodo in termini commerciali e reputazionali.

A questo punto risulterà evidente come, per il consulente che abbia lavorato professionalmente bene in quel periodo, possa essere poco gratificante avere notizia del rimborso collettivo riconosciuto a tutti i clienti "indistintamente" in possesso di "quella obbligazione", compresi gli investitori a cui, a suo tempo, venne presentato nei suoi aspetti peculiari quel prodotto finanziario, quando però non esisteva ancora la possibilità di firmare un modulo a dimostrazione della corretta attività posta in essere. Ecco, anche qui, l'elevato valore aggiunto degli interventi legislativi nell'interesse delle parti caratterizzate dalla buona fede, in termini di supporto operativo per tutti gli intervenuti. Infatti il modulo adeguatamente compilato potrebbe anche rappresentare la prova del "buon operato" dell'intermediario e pertanto una tutela dei comportamenti corretti a prescindere dalla posizione di cliente o banca.

Quanto sopra per evidenziare, in modo anche "impopolare", che è semplice generalizzare e affermare che il Sistema bancario o Assicurativo non funzionino ma individuare un colpevole non è sempre agevole. L'unica certezza è rappresentata da una insoddisfazione dalla quale nasce la criticità tra Azienda e Cliente.

LA RISOLUZIONE DELLE CONTROVERSIE

Le controversie possono trovare risoluzione attraverso diverse tipologie di intervento. Anche nel nostro Paese si stanno affermando i meccanismi di risoluzione alternativa, sulla scia delle indicazioni e sollecitazioni che riceviamo da parte dell'Unione Europea. Il decreto legislativo n. 28 del 2010 ha dettato la disciplina organica dell'Istituto della Mediazione prevedendone la forma facoltativa, obbligatoria e delegata. La "deflazione del contenzioso civile" è stata alla base dell'istituzione del procedimento di Mediazione ma non rappresenta l'unico obiettivo che si vuole perseguire, infatti l'altra finalità importante è rappresentata dall'intento di garantire una soluzione rapida ed economica delle controversie senza compromettere i rapporti tra imprese e clienti.

Alla disciplina di carattere generale, si affiancano altre discipline e istituti specifici relativi al settore finanziario. Il nuovo Istituto, come vedremo più avanti, integra gli strumenti a disposizione del sistema e non esclude il ricorso alle forme preesistenti.

La Mediazione, definita anche Mediaconciliazione, si basa sull'attivazione del confronto tra le parti per arrivare ad una soluzione della questione.

E' indispensabile entrare nel merito delle singole situazioni. Certo, in riferimento alle casistiche "anche estreme" di cui sopra, sarebbe auspicabile che non venisse riconosciuta la "pressione commerciale" quale alibi per giustificare un'attività poco professionale del Consulente e che non venissero soddisfatte le richieste di quei clienti, a suo tempo, adeguatamente informati e efficientemente gestiti dalla banca. Il confronto assume proprio in queste circostanze una valenza maggiore rispetto a quella che potrebbe derivarne dalla, se pur importante, esclusiva verifica degli aspetti formali della questione con la disamina della documentazione prodotta e della modulistica firmata.

Si è fatto cenno al delicato argomento della "pressione del budget", non intendendo affrontare la materia in relazione al rapporto di lavoro, ma volendo fornire una visione dell'argomento dalla parte del cliente e del servizio offerto, che in ogni caso non devono trarre pregiudizio dalle sollecitazioni commerciali che caratterizzano il sistema.

LA FORMAZIONE DEI PROFESSIONISTI

In qualità di Formatore Professionale posso garantire che gli Istituti di credito e le Compagnie Assicurative, particolarmente attente alla qualità del servizio offerto, stanno continuando ad investire nella formazione commerciale comportamentale proprio per insistere nella sensibilizzazione dei loro collaboratori specialisti, affinché si possa mantenere alto il livello della consulenza, senza trascurare il raggiungimento dei risultati commerciali, per la soddisfazione di clienti, banca/assicurazione e consulenti stessi. Si lavora molto sul colloquio conoscitivo, sull'ascolto attivo, sulle domande da porre, sulla relazione e sulle situazioni da esplorare. Le semplici regole teoriche vengono supportate da esercitazioni pratiche e role playing. E' dimostrato che tutte le attività da svolgersi da parte del buon consulente, per conoscere ed esplorare i bisogni e le esigenze palesi o latenti, al fine di proporre il prodotto adeguato, vengono supportate dalle regolamentazioni e dalle normative. E' importante evidenziare la valenza degli strumenti normativi con una chiave di lettura che consenta di riqualificarli quali supporto nella gestione "sana" del cliente e vada a scalfire quell'idea diffusa, che spesso attribuisce loro un'etichetta di semplice aspetto burocratico amministrativo da ottemperare per rispettare le norme.

Al cliente per operare in modo oculato dovrebbe essere solo richiesto, ma non è cosa da poco, di conoscere le proprie esigenze per farsi seguire al meglio dal proprio consulente.

Se i rapporti fossero rimasti ancorati ai semplici principi indicati non sarebbero stati necessari molti interventi, anche complessi, finalizzati a ripristinare una situazione pratica molto articolata. Anche perché i "semplici principi" come definiti sopra, non risultano poi di così facile attuazione. I numeri dimostrano che non è così scontato, ad esempio, essere consapevoli delle proprie esigenze. I bisogni palesi rappresentano indicativamente solo il 30% delle esigenze della persona, pertanto la situazione da esplorare è ben più complessa di quella che potrebbe apparire.

LA CRISI E LA FIDUCIA DEI RISPARMIATORI

La crisi finanziaria si è trasformata in una crisi di fiducia dei risparmiatori. Le diverse notizie che siamo abituati a sentire purtroppo fanno intendere che la fiducia nel sistema non è stata incrinata per un eccesso di "allarmismo" da parte dei clienti. E' anche vero che le informazioni più preoccupanti si riferiscono a comportamenti, poco rassicuranti, di singoli consulenti particolarmente "aggressivi" o "disonesti" che poco hanno da condividere con la categorie dei numerosissimi consulenti seri. D'altro canto non tutte le situazioni di "cattiva gestione" sono sempre rese note al grande pubblico degli investitori. L'esperienza ci ha insegnato che i consulenti "aggressivi o spregiudicati" non si improvvisano tali per la gestione di una singola operazione di uno specifico cliente. E' usuale constatare lo stesso "stile" gestionale con quasi tutti i clienti "seguiti". Bene, se è vero quanto riferito precedentemente in merito alla facilità di generalizzare ed attribuire le responsabilità a Banche e Compagnie, è anche vero che il Sistema deve intervenire con forza per bloccare le persone che si sono contraddistinte in comportamenti poco etici, quando a segnalarlo sono numerosi clienti ed i fatti confermano la veridicità delle lamentele. Non sarà sufficiente trasferire il consulente perché verrebbe solo spostato geograficamente e procrastinato nel tempo il problema. Risulta comunque comprensibile come possa essere di difficile realizzazione un intervento retroattivo su una produzione "gestita male" in termini di storni provvigionali, che ne deriverebbero nei diversi livelli aziendali. La decisione però di un eventuale mancato intervento potrebbe evidenziare una legittimazione della vendita "spinta" e "particolarmente aggressiva" palesando un interesse comune di raggiungere sfidanti risultati, a prescindere dalle modalità e comunque premiati economicamente dal sistema incentivante. Tra l'altro è bene non sottovalutare la preoccupante ricaduta in termini di immagine reputazionale "Interna", che deriverebbe dall'assenza di una presa di posizione dell'azienda in merito a situazioni "non lineari" emerse, per gli altri commerciali. Gli effetti negativi infatti potrebbero riferirsi sia all'emulazione di comportamenti scorretti sia alla diffusione di totale "demotivazione" ad operare bene.

Stessa considerazione relativa alla scorrettezza nel rapporto potrebbe anche riguardare quei clienti "facili" al reclamo che utilizzano le "pecche" del sistema per trarre beneficio da azioni di risarcimento o rimborso. Situazione ben rappresentata nell'ambito assicurativo nel ramo danni dove certi comportamenti hanno portato a predisporre meccanismi di tutela nei risarcimenti che spesso fanno sentire a disagio il cliente "sano" sottoposto a tante verifiche.

Sarebbe necessario avere "memoria storica" dei comportamenti scorretti per evitare almeno che vengano ripetuti dagli stessi soggetti.

GLI INTERVENTI LEGISLATIVI

Le situazioni, soprattutto in ambito finanziario, evolvono e anche le fonti più autorevoli evidenziano una legislazione che "non ha tenuto il passo di servizi finanziari sempre più sofisticati".

La legislazione per regolamentare i mercati, accrescere l'efficienza, la trasparenza e la tutela dei consumatori è di tutto rilievo. Gli istituti, le procedure e le figure operanti per permettere una risoluzione della controversia in ambito bancario in tempi brevi non mancano. Ulteriore conferma di attenzione alla tutela dei clienti, alla consulenza di qualità e alla necessità di adeguare le norme alla complessità degli strumenti è arrivata con la pubblicazione, nella Gazzetta Ufficiale dell'Unione europea del 15 Gennaio 2013, del parere positivo del Comitato economico e sociale europeo (CESE), in merito alla proposta di regolamento del Parlamento e del Consiglio, relativa ai documenti contenenti le informazioni chiave per i prodotti d'investimento (KID, Key Information Document). L'obiettivo della proposta di regolamento è garantire trasparenza ed efficienza nel mercato degli investimenti per gli investitori al dettaglio attraverso la realizzazione di un sistema omogeneo, semplificato e standardizzato di informazioni idoneo a permette la comparabilità e la comprensibilità delle stesse.

Per raggiungere tale obbiettivo la Commissione ha seguito la via già intrapresa con i KIID (Key Investor Information Document), ovvero il documento contenente le informazioni chiave per gli investitori relativamente agli investimenti in OICVM (Organismi d'investimento collettivo in valori mobiliari). In merito alla tutela dell'investitore si prevede anche che, in caso di contenzioso, non debbano essere i clienti a provare la malafede della società ma quest'ultima a dimostrare che il Kid sia stato scritto a regola d'arte.

Al buon consulente si chiede di conoscere bene i propri prodotti e possibilmente i prodotti della concorrenza, pertanto la comparazione delle offerte e di conseguenza dei prodotti, oltre a rappresentare una tutela dei consumatori, evidenzia un'attività comunque utile per il professionista. Il Parere favorevole del CESE è stato espresso per un intervento legislativo che regolamenti tutte le fattispecie di prodotti finanziari complessi, siano essi riferibili a banche, assicurazioni o società di investimento. Da qui ne deriva la ufficializzazione della comunanza di caratteristiche nei prodotti complessi a prescindere dall'emittente o dal collocatore, nell'obiettivo comunque di garantire trasparenza ed efficienza nel mercato degli investimenti per gli investitori al dettaglio, rendendo più agevole la comprensione delle caratteristiche dei prodotti e più facile la comparazione con prodotti di altre aziende.

Altra conferma della "vicinanza" del settore assicurativo a quello bancario arriva dalle novità del 2013 in merito alla Vigilanza sulle Assicurazioni. Infatti dal 1 gennaio 2013 l'Ivass – Istituto per la Vigilanza sulle Assicurazioni - è succeduto in tutti i poteri, funzioni e competenze dell'Isvap. L'istituzione dell'Ivass, ai sensi del decreto legge 6 luglio 2012 n. 95 poi convertito con Legge 7 agosto 2012 n.135 mira ad assicurare la piena integrazione dell'attività di vigilanza assicurativa attraverso un più stretto collegamento con quella bancaria. L'Ivass è presieduto dal Direttore Generale della Banca d'Italia.

Anche i prodotti assicurativi sono divenuti più complessi e coerentemente sono aumentati gli interventi a tutela dei clienti. La materia è ben regolamentata e presidiata ma si continua a lavorare per prevenire qualsiasi tipologia di disservizio e motivo di insoddisfazione. Ho già riferito in merito alla validità della normativa quale ottimo supporto per l'attività del professionista che deve approfondire la conoscenza del cliente al fine di offrire una consulenza di qualità; da questo punto di vista l'ambito assicurativo non si discosta certo dal settore bancario. Tornando per un momento alla necessità per il buon consulente di conoscere bene il proprio cliente per proporre il prodotto giusto, l'Assicuratore, come il collega Bancario dovrà gestire al meglio il colloquio conoscitivo per individuare correttamente i bisogni. Il tutto si svolgerà però con una complicazione in più, perché sarà importante fare emergere anche le coperture già attivate. I servizi assicurativi hanno una peculiarità: non tutti i prodotti sono sempre noti ai propri titolari. Tanti prodotti, relativi a settori diversi, prevedono specifiche coperture assicurative, che pur essendo presentate nei prospetti informativi non sempre vengono considerate sufficientemente per farne ricorso in caso di necessità. Basti pensare alla copertura "assistenza in caso di guasto del veicolo" offerta insieme all'acquisto di alcuni autoveicoli e furgoni, o compresa nel servizio di pagamento automatico del pedaggio autostradale. Sono poco conosciute anche le coperture previste da carte di debito e di credito che riguardano furto, scippo, problemi sanitari all'estero o insoddisfazione per acquisti on line. Bene il buon consulente dovrà essere in grado di fornire anche le giuste indicazioni per rendere il proprio cliente consapevole delle coperture in essere e delle modalità di attivazione delle stesse in caso di sinistro. Con il supporto del cliente stesso, gestendo al meglio la relazione ed i colloqui conoscitivi, si dovranno evitare proposte di nuove coperture per rischi già coperti.

Le Regole di Comportamento riportate nel Capo I del Titolo II della Parte III del Regolamento Isvap n. 5/2006, con una chiave di lettura operativa, possono rappresentare un ottimo strumento commerciale consulenziale e non semplicemente un aspetto burocratico amministrativo da rispettare. L'attenta presentazione associata all'adeguato supporto nella compilazione dei moduli predisposti nel rispetto della normativa vigente, possono agevolare l'esplorazione dei bisogni e delle caratteristiche del cliente per offrire il prodotto adeguato. La regolamentazione di settore consente di rendere palese la necessità di esplorare, di approfondire certe situazioni, non per semplice curiosità del consulente ma perché indispensabile per offrire il prodotto giusto e in ogni caso per ottemperare alle disposizioni vigenti. Il questionario, se non compilato velocemente perché inteso quale "atto dovuto", può anche essere un ottimo supporto per una potenziale attività di cross selling, sicuramente di tutto interesse per l'intermediario ma anche, da non sottovalutare, di massima utilità per il cliente al quale viene presentata la possibilità di tutelarsi per un rischio potenziale che senza l'assistenza del professionista non avrebbe considerato, se non al verificarsi dell'evento sinistroso. Fare consulenza significa anche proporre soluzioni al cliente che potranno concretizzarsi o meno nella sottoscrizione di un nuovo contratto. In ambito assicurativo la professionalità del proprio consulente e la qualità del servizio offerto vengono valutate al verificarsi del sinistro sia in termini di assistenza nella gestione della pratica di liquidazione, in presenza della copertura del rischio, sia con riferimento alla professionalità nella gestione, qualora lo specialista non abbia neanche preso in considerazione ed evidenziato il potenziale rischio da coprire.

La crisi ha fatto anche aumentare l'attenzione al rischio reputazionale delle imprese finanziarie. Si investe per proteggere e migliorare la propria immagine collegata alla qualità dei prodotti e dei servizi piuttosto che alla performance e alle prospettive di crescita. Ho già fatto riferimento al Servizio di Consulenza ed all'evoluzione in termini di completezza nel servizio di assistenza al cliente. Sulla scia degli interventi finalizzati a regolamentare il Sistema a tutela degli Investitori, anche le singole Aziende Finanziarie cercano di distinguersi per iniziative palesemente orientate a gestire il cliente nel modo migliore. Assistiamo ad es. alla incisiva pubblicità dell'applicazione della Finanza Comportamentale all'attività di consulenza. Si vuole offrire agli specialisti Gestori un elemento in più per offrire un prodotto "in linea" con il cliente nella sua globalità. Attraverso un questionario si vogliono individuare le emozioni e gli automatismi mentali che possono portare l'investitore a scelte non ottimali come quelle tipiche di comprare sui massimi di Borsa, sulle ali dell'euforia dei mercati, piuttosto di vendere ai minimi, presi dal panico. Non è solo una modalità operativa ma rappresenta un segno distintivo che vuole essere evidenziato come esclusività nel mercato. L'iniziativa non è riveniente da una specifica regolamentazione ma semplicemente derivante da un approfondimento del concetto di "necessaria conoscenza del cliente" che continua a rappresentare la base per poter offrire un buon servizio finanziario. Si sta andando oltre le caratteristiche personali, la composizione del portafoglio, le aspettative e le esigenze, per arrivare alla valutazione dei potenziali comportamenti al fine di individuare, non solo un prodotto che oggi potrebbe soddisfare il cliente, ma "quel prodotto" che anche nell'ambito di uno scenario differente potrà "confermarsi" come prodotto adeguato e non venire "stravolto" nella visione del cliente, turbato nei suoi razionali comportamenti, da situazioni di allarmismo o eccessivo entusiasmo. Infatti un cambiamento drastico nel comportamento dell'investitore, guidato esclusivamente dall'impulsività, potrebbe essere molto deleterio per un portafoglio strutturato sulla base di numerosi variabili, tra le quali l'arco temporale di riferimento. In questa sede ovviamente si sta trattando il caso più ricorrente dell'investitore ordinario pertanto non si pone in evidenzia, d'altro canto, le potenzialità che il mercato può offrire ad investitori che puntano alla speculazione, ovviamente contraddistinti da un profilo di rischio nettamente differente e in grado di sopportare e cercare situazioni molto più rischiose ed aleatorie. L'approccio presentato viene considerato un chiaro aiuto per investitori e professionisti per consentire una migliore conoscenza del cliente da parte del consulente e dell'investitore, intesa in questo caso come migliore conoscenza di sé stesso.

INCONTRO TRA AZIENDE E CLIENTI
LA MEDIAZIONE

Nella situazione evidenziata è comunque ancora necessario avvicinare gli Istituti di

Credito e le Compagnie Assicurative ai propri clienti. Il contatto non è così scontato. Negli ultimi anni una rubrica del più noto giornale economico italiano ha ricevuto ben 8.000 quesiti inviati dai piccoli risparmiatori relativamente alla gestione dei propri risparmi. La quasi totalità delle segnalazioni e richieste è stata inoltrata agli intermediari che hanno dato una risposta.

Gli strumenti di contatto oggi certo non mancano. L'attivazione, nel tempo, dei sistemi di risoluzione stragiudiziale delle controversie, in ambito bancario e assicurativo, è stata di differente rilevanza almeno fino all'entrata in vigore della regolamentazione della Mediazione Civile e Commerciale. L'istituto della Mediazione ha riguardato ampiamente anche l'ambito assicurativo sia nella sua forma facoltativa sia in quella obbligatoria. Senza entrare nel merito della pronuncia della Consulta è opportuno riferire sull'intervento della Corte Costituzionale che ha dichiarato illegittimo, per eccesso di delega, il tentativo obbligatorio della mediazione nelle materie indicate dal decreto legislativo 28 del 2010. E' anche necessario evidenziare come la sentenza di incostituzionalità abbia riguardato espressamente i casi, per i quali era previsto il ricorso "obbligatorio", ma non abbia intaccato le altre ipotesi di ricorso alla Mediazione e precisamente il ricorso volontario; la mediazione delegata su richiesta del Magistrato e il richiamo esplicito di clausole contrattuali.

La conseguenza è che oggi non facciamo più riferimento alla forma obbligatoria ma esistono altre possibilità di ricorso. La specifica sulle forme della Mediazione riferite al settore assicurativo è stata riportata per evidenziare l'attenzione riservata ai servizi assicurativi da parte dell'Istituto.

Il sistema finanziario in senso lato, che può dunque non eccellere in qualche passaggio, potrebbe trarre numerosi vantaggi dall'attivazione della mediazione senza l'intento di attribuire colpa o ragione ma per procedere ad una valutazione d'insieme, per risolvere le criticità e proseguire nel rapporto.

A differenza di altri sistemi di risoluzione stragiudiziale delle controversie la procedura della Mediazione non lascia l'esclusività dell'attivazione ai clienti, dunque anche gli Istituti di Credito e le Compagnie Assicurative possono presentare istanza per dare inizio alla mediazione.

Forse i primi a coglierne l'opportunità sono stati proprio i clienti ma ritengo che anche Banche e Compagnie assicurative, dopo una costruttiva sperimentazione e approfondita conoscenza dell'approccio del professionista mediatore, potranno trarre importanti benefici dal maggiore ricorso alla mediazione stessa su attivazione diretta da parte loro. Perché come vedremo, essere "chiamati" in Mediazione lascia all'altra parte la prerogativa di scegliere l'Organismo a cui affidare la risoluzione della criticità emersa, influendo pesantemente sulle possibilità di rendere efficace ed efficiente il ricorso all'Istituto stesso. Con quanto riportato non si vuole affermare che esistono Organismi validi e altri meno ma, come per tutti i settori, essendo l'attività di Mediazione svolta da persone, da professionisti, la loro attività sarà influenzata da esperienze maturate, formazione, aggiornamento e approccio relazionale. Tutti elementi indispensabili per raggiungere la finalità di "avvicinare le parti" e quanto più efficace sarà l'attività del mediatore in questo senso tanto maggiormente palese risulterà la professionalità del buon Mediatore e di conseguenza la validità dell'Organismo a cui egli appartiene. Anche la Mediazione come ogni altro servizio è soggetta, in primis, alla valutazione del mercato che ne stabilisce il livello qualitativo e ne quantifica l'apprezzamento con l'entità della propria domanda. Anche se si può ritenere che il primo "termometro" del livello qualitativo possa essere rappresentato dalle parti alle quali è stato affidato il diritto di attivare la procedura, ben venga comunque l'intervento del Ministero della Giustizia che attraverso la Direzione Generale della Giustizia Civile ha costituito un tavolo di lavoro con la finalità di redigere il Manuale di Qualità. Per arrivare al Manuale si è scelta la via del Libro Verde consistente in un questionario da sottoporre a tutti i soggetti coinvolti e che, per diverse ragioni, hanno comune interesse alla gestione del servizio di mediazione secondo adeguati standard: organismi, mediatori, formatori, giudici, esperti della materia, utenti e loro difensori o consulenti. La raccolta delle opinioni attraverso la consultazione pubblica sulla gestione di qualità del servizio di Mediazione rappresenta il supporto essenziale per la predisposizione del Manuale.

Il d.lgs. 28/2010 contempla un'attività di vigilanza, poi ripresa anche dalla circolare del 20 dicembre 2011. Tale attività è intesa sia quale verifica di osservanza delle previsioni di legge sia in termini del raggiungimento di standard di qualità, per garantire lo svolgimento di un servizio di mediazione improntato sui requisiti di professionalità, efficienza ed idoneità. La verifica delle modalità concrete di gestione del servizio ha reso necessario predisporre un Manuale di Qualità nel quale riportare in modo specifico gli standard di qualità necessari che ciascun organismo di mediazione deve possedere ai fini della valutazione da parte dell'amministrazione della idoneità del servizio reso.

In evidenza l'importante argomento della qualità del servizio. Trattandosi di un nuovo Istituto solo l'attenta sperimentazione ne consentirà un'evoluzione in termini di migliore servizio offerto.

La normativa non stabilisce vincoli legati alla competenza territoriale o esclusività degli organismi di mediazione ai quali debba essere attribuita una certa questione da regolare, pertanto la possibilità di conoscere ed apprezzare la professionalità consentirà agli interessati di agire tempestivamente per chiedere l'intervento dell'Organismo apprezzato per il suo pregresso operato, possibilmente con riferimento ad un Mediatore individuato con gli stessi criteri che hanno fatto preferire l'Organismo. Avendo evidenziato gli obiettivi dell'Istituto non desterà sospetto o motivo di preoccupazione la possibilità di scelta, visto che non si chiede un giudizio ma un intervento professionale capace di agevolare l'accordo tra le parti, possibilmente con gli strumenti ritenuti maggiormente incisivi.

I vantaggi derivanti dal ricorso alla Mediazione, comuni alle Aziende di Credito, alle Compagnie di assicurazioni ed ai Clienti possono riferirsi a:

- Aspetto economico (costo della mediazione);

- Tempi di risoluzione;

- Confronto personale costruttivo e comunque finalizzato al mantenimento del rapporto.

I vantaggi peculiari e aggiuntivi che Banche e Assicurazioni, in veste di Azienda, possono ottenere in più rispetto al cliente, soprattutto se in veste di privato, riguardano:

- Completamento dell'attività di Gestione delle Relazioni coi clienti (più comunemente definita CRM - Customer relationship management) legata al concetto di fidelizzazione a supporto delle iniziative di retention;

- Ottimizzazione nell'impiego delle risorse umane interne privilegiando un'attività di assistenza alla clientela nella raccolta del reclamo rispetto alla gestione amministrativo/legale del reclamo stesso – limitando i contatti maggiormente critici a favore dell'aspetto relazionale del rapporto;

- gestione delle lamentele a costo definito e di facile quantificazione;

- tutela e miglioramento dell'Immagine reputazionale e della fiducia nel brand.

Anche il settore assicurativo, per quanto indicato in merito all'affinità di prodotti offerti con il mondo bancario, potrebbe essere chiamato a confrontarsi con una insoddisfazione dei propri clienti, convinti di non essere stati adeguatamente "seguiti". I prodotti assicurativi però possono lasciare spazio anche ad altre criticità ad es. riferite all'importante materia dei sinistri, alle esclusioni nelle coperture, alla quantificazione dei risarcimenti, alla possibilità di disinvestimento prima della scadenza e alle penalizzazioni che ne deriverebbero. Ovviamente la casistica è molto ampia e le questioni possono trarre origine anche da interessi delle Compagnie Assicurative, meritevoli, alla stessa stregua, di tutela.

I motivi di insoddisfazione derivanti dal rapporto cliente-assicurazione possono pertanto essere i più diversi e potrebbe essere di intesse comune risolvere le criticità attraverso l'attività del Mediatore, figura indipendente neutrale ed imparziale, che interviene su istanza di parte per agevolare il raggiungimento di un accordo fra gli intervenuti per la soddisfazione comune. Ad integrazione dei vantaggi, già emersi, derivanti dal tentativo di conciliazione in merito alla materia dei prodotti finanziari in senso lato, le Aziende Assicurative hanno anche la possibilità di limitare l'entità dei costi, che caratterizzano il loro contenzioso, maggiormente riferibile alla branca di attività prettamente assicurativa in senso stretto, con riferimento alle spese di legali esterni ed interni, ai costi relativi all'attività dei periti, dei consulenti tecnici di parte e d'ufficio, dei liquidatori e dei legali interni.

La locuzione "In medio stat virtus" ci aiuta a delineare meglio l'aspetto di una questione la cui risoluzione tramite i canali ordinari potrebbe non soddisfare completamente tutti gli intervenuti e per la quale potrebbe essere utile ricorrere al mediatore, quale terza persona priva del potere di rendere giudizi o decisioni vincolanti, non incaricato di individuare responsabili ma intenzionato a fornire una visione globale della questione e rendere palese l'effettivo oggetto del contendere, per creare i presupposti per il raggiungimento di un accordo soddisfacente per tutti gli intervenuti. Il tutto nel rispetto del requisito essenziale della riservatezza. La finalità è proprio quella di assistere due o più soggetti sia nella ricerca di un accordo amichevole per la composizione di una controversia, sia nella formulazione di una proposta per la risoluzione della stessa. Occorre lavorare per un avvicinamento delle parti spesso caratterizzate da un atteggiamento di chiusura ben rappresentato da affermazioni quali "dipende dai punti di vista" o "non è questione di soldi" a dimostrazione della necessità di agire sul rapporto. Spesso le situazioni di principio rappresentano il vero motivo della "distanza" tra gli intervenuti. Ma proprio queste situazioni possono valorizzare l'efficacia della mediazione rispetto ad altre forme di intervento. La controversia potrebbe risultare anche irrilevante sotto l'aspetto economico e quindi l'esclusiva quantificazione di un risarcimento, potrebbe non garantire la completa soddisfazione tutti gli intervenuti. Soprattutto in questi casi, l'accordo al quale si dovrà pervenire dovrebbe trarre maggiori vantaggi dall'incontro delle parti rispetto all'esclusiva valutazione tecnica della questione.

PECULIARITA' E ASPETTI OPERATIVI DELLA MEDIAZIONE

Tempi

La legge prevede che il tentativo abbia durata massima di 4 mesi. L'esperienza del primo periodo di applicazione ha evidenziato tempi medi nei casi in cui la "controparte" si sia presentata pari a 61gg "nel caso di accordo raggiunto" e pari a 75gg "senza il raggiungimento dell'accordo". Secondo il rapporto Italia in cifre 2012 dell'Istat nell'anno 2011 la durata media di un *giudizio civile* in

Italia era di 740 gg per il primo grado e di 1.149gg per il secondo.

Oggetto

Il tentativo di conciliazione può essere esperito per qualsiasi tipo di controversia civile e commerciale vertente su diritti disponibili.

Forma

- facoltativa (se scelta liberamente fra le parti);
- delegata (se è il Giudice a invitare le parti a tentare la Mediazione);
- obbligatoria "<u>prevista solo inizialmente e fino all'intervento della Corte Suprema</u>" (era condizione per accedere eventualmente al giudizio per le materie espressamente indicate)

Avvio della procedura

Necessaria una semplice domanda a uno degli Organismi "abilitati" dal Ministero della Giustizia

Esiti

- La controparte non accetta di aderire pertanto il tentativo si esaurisce immediatamente
- La controparte accetta di aderire:
  - ✓ Le parti trovano l'accordo
  - ✓ Le parti restano sulle proprie posizioni

  Se le parti raggiungono l'accordo amichevole si realizza la Conciliazione

  Quando l'accordo non è raggiunto è previsto che il Mediatore possa formulare una proposta di Conciliazione se riterrà di avere a disposizione gli elementi sufficienti

Spese

I costi da sostenere aumentano progressivamente in relazione al valore della lite e sono stati determinati dal Decreto nei termini riportati nella tabella riprodotta nella pagine seguente.

All'avvio della procedura le parti devono anticipare le spese per la cifra di 40 Euro.

Rapporto valore lite - Spesa per ciascuna parte

Val. min della lite €	Val. max della lite €	Spesa per ciascuna parte
fino a 1.000		65
da 1.001	a 5.000	130
da 5.001	a 10.000	240
da 10.001	a 25.000	360
da 25.001	a 50.000	600
da 50.001	a 250.000	1.000
da 250.001	a 500.000	2.000
da 500.001	a 2.500.000	3.800
da 2.500.001	a 5.000.000	5.200
oltre 5.000.000		9.200

Gli importi standard possono essere aumentati di un quinto in caso di:

- cause particolarmente complesse
- in caso di formulazione della proposta da parte del mediatore

La Mediazione è gratuita per i soggetti che possono beneficiare del gratuito patrocinio.

Credito d'imposta

E' riconosciuto in caso di successo della mediazione un credito d'imposta fino a 500 Euro e in caso di insuccesso fino a 250 Euro. Non è automatico ma occorre attendere comunicazione da parte del Ministero della Giustizia.

LA PROCEDURA STRAGIUDIZIALE NEL SETTORE FINANZIARIO NEGLI ANNI

Il legislatore era già intervenuto in materia di soluzione delle controversie in via stragiudiziale anche prima di regolamentare la "Mediaconciliazione" attraverso il Dlgs 28 del 2010. I rapporti tra intermediari finanziari e clienti erano già stati regolati dal Dlgs 179 del 2007 che ha dato attuazione all'art. 27 della legge 262 del 2005 "disposizioni per la tutela del risparmio e la disciplina dei mercati finanziari. Inoltre la materia del consumo, ma anche dei rapporti tipicamente finanziari, fanno riferimento al mondo delle conciliazioni paritetiche e quindi alla collaborazione di imprese e associazioni di consumatori per risolvere controversie che possono insorgere nella conduzione dei rapporti.

La conciliazione paritetica:

- consente l'incontro tra le parti interessate "sotto l'assistenza" di un'associazione di consumatori con l'intento di "recuperare e conservare" il rapporto.
- condizione necessaria è l'esistenza di un Protocollo di conciliazione tra impresa interessata e una o più associazioni dei consumatori

- la procedura è gestita da due o più mediatori
  - ✓ uno nominato dall'associazione dei consumatori alla quale il cliente ha conferito mandato a trattare la questione
  - ✓ l'altro nominato dall'impresa
- l'ambito di applicazione è previsto dai Protocolli. Sono i regolamenti ad individuare le materie gestibili. Sono previsti importi massimi riferiti al valore della lite o all'entità del rimborso e sono definiti i tempi in cui si deve arrivare alla decisione dalla data di presentazione della domanda
- la procedura è gratuita per il consumatore. Trattasi di assistenza compresa nell'adesione all'Associazione.

Gli interventi legislativi nel tempo e in particolare il dlgs 179/2007 e il TU bancario (dlgs 385/1993) hanno dato vita alla Camera di Conciliazione e arbitrale della Consob e alla figura dell'Arbitro bancario e finanziario presso la Banca d'Italia.

E' bene sottolineare che le regole della Mediazione che derivano dal dlgs 28/2010 e che sono valide anche per i contratti finanziari bancari e assicurativi non hanno fatto venire meno le figure già operative nello stesso ambito che possiamo individuare in: Arbitro Bancario Finanziario (Banca d'Italia); Camera di Conciliazione e Arbitrato presso la Consob; il Conciliatore Bancario Finanziario.

Le figure citate sono caratterizzate dai seguenti aspetti peculiari:

<u>*Arbitro Bancario Finanziario*</u>

- figura istituita dal Testo unico Bancario che non cerca l'accordo fra le parti
- solo i clienti possono richiedere l'intervento dell'arbitro. Le banche e gli intermediari finanziari non potranno pertanto rivolgersi all'Abf
- non potranno essere trattate controversie per le quali l'importo richiesto dal ricorrente sia superiore a 100.000 euro.
- la richiesta di attivazione della procedura può avvenire trascorsi 30 gg dalla presentazione di un reclamo all'intermediario

- Le parti non compaiono direttamente davanti all'ABF che giudica sulla base del ricorso e delle controdeduzioni presentate dall'intermediario

Camera di Conciliazione e Arbitrato presso la Consob

Conciliazione

- può trattare le controversie inerenti l'adempimento degli obblighi di informazione, correttezza e trasparenza relativi a servizi di investimento o di gestione del risparmio collettivo
- l'istanza di attivazione può essere presentata solo dall'investitore

Arbitrato

- l'arbitro ha potere decisionale
- non si cerca un accordo tra le parti
- l'arbitro conclude la procedura con una decisione (lodo)

Il conciliatore bancario finanziario

- associazione che ha la finalità di risolvere le questioni tra intermediari finanziari bancari e i loro clienti attraverso:
  - ✓ conciliazione
  - ✓ ombudsman - Giurì bancario
  - ✓ arbitrato

Vista l'intenzione di delineare alcuni degli aspetti caratteristici di ogni procedura è opportuno soffermarsi particolarmente sulla figura del *Giurì bancario*

- usualmente conosciuto come Ombudsman. Si ricevono spesso indicazioni sulla Sua attività attraverso i "pieghevoli" in distribuzione negli sportelli bancari

- sistema promosso dalle Banche e dagli intermediari finanziari associati al Conciliatore Bancario Finanziario per dirimere le controversie con la clientela (con esclusione delle materie di esclusiva competenza dell' Arbitro Finanziario Bancario come stabilito dal T.U. bancario)

- assicura una sorta di appello contro le decisioni dell'Ufficio reclami della banca

- ricorso totalmente gratuito.

CONCLUSIONI

Abbiamo avuto modo di constatare quanto siano numerose le possibilità di contatto e di risoluzione delle criticità che potrebbero emergere nel rapporto tra istituzioni finanziarie e clienti.

Se non si volesse intravedere l'eccellente positività della numerosità degli interventi in materia ci si potrebbe anche definire disorientati dall'elevato numero di possibilità di risoluzione. Sono dell'idea che debba essere colta l'opportunità di individuare l'Istituto che meglio soddisfa le proprie esigenze, in termini di semplicità di attivazione, economicità del ricorso, tempi di risposta e materie oggetto di trattazione, per tentare di risolvere la questione, recuperando il rapporto per mantenerlo attivo.

Pur non intendendo procedere ad una classificazione, nella disamina, non esaustiva delle rispettive peculiarità, sono emerse numerose differenze fra le varie procedure.

E' stato evidenziato il supporto anche operativo degli interventi legislativi tendenti ad offrire un apporto in termini di novità, in linea con i cambiamenti del mercato e la necessità di adeguamento. Nel tempo si è integrato quanto già operativo senza procedere ad una sostituzione. In questo senso infatti la Mediazione non ha posto fine all'attività delle figure già operative. Non si può affermare che il nuovo Istituto sia migliore dei precedenti ma almeno si può asserire che lo stesso abbia tratto beneficio dalle precedenti esperienze. E' il momento di sperimentare quanto di più recente è stato proposto al mercato.

L'invito è rivolto particolarmente agli Istituti di Credito che in questa circostanza sono stati legittimati ad attivarsi per richiedere il ricorso alla procedura. A tal proposito abbiamo avuto modo di constatare quanto non rappresenti "cosa da poco" e comunque "scontata". Si è già fatto riferimento anche alla libertà di scelta dell'Organismo di Mediazione che pone in evidenza l'importanza per tutti di conoscere l'operato degli "addetti ai lavori", ma a maggior ragione per Banche e Assicurazioni, che potrebbero scegliere di affidarsi alla stessa procedura per nuove questioni. Sulla base della professionalità, dell'affidabilità e dell'efficacia espresse potranno essere individuati gli Organismi ed i Mediatori a cui rivolgersi per la risoluzione di controversie future.

La snellezza della Mediazione riscontrabile nei limitati vincoli (ammissibilità della controversia a prescindere dal valore economico della questione, assenza di restrizioni particolari per le materie da trattare, facoltà di attivazione riconosciuta a tutte le parti che ne abbiano interesse) insieme all'intento di agevolare un accordo con la partecipazione ed il coinvolgimento degli interessati, dovrebbero rendere la procedura particolarmente interessante, al punto da essere scelta sempre più frequentemente per la gestione delle criticità, soprattutto nel rapporto tra Clienti e Istituti di Credito.

www.ingramcontent.com/pod-product-compliance
Lightning Source LLC
Chambersburg PA
CBHW072254170526
45158CB00003BA/1076

ISBN 978-1-291-34462-2

Enthralled by Myriad Forms

Kurtis Tilley